# 3 Rondos
# In A minor,
# D major
# And F major

## By

# Wolfgang Amadeus Mozart

## For Solo Piano

## (1786-1787)

### K.511
### K.485
### K.494

# RONDO
## für das Pianoforte
### von
# W. A. MOZART.
Köch. Verz. Nº 511.

Componirt 11 März 1787 in Wien.

**Andante.**

# RONDO
## für das Pianoforte
### von
# W. A. MOZART.

Mozarts Werke.

Köch. Verz. № 485.

Componirt 10. Januar 1786 in Wien.

Allegro.

*p legato*

*legato*

# KLEINES RONDO
### für das Pianoforte
### von
# W. A. MOZART.
Köch. Verz. № 494.

Mozarts Werke.

Componirt am 10 Juni 1786 in Wien.

Die **27** Takte zwischen den Sternchen sind nicht in Mozarts Autograph, wohl aber in allen, auch den ältesten Ausgaben vorhanden.

CPSIA information can be obtained
at www.ICGtesting.com
Printed in the USA
BVHW020236140123
656264BV00009B/919